W0110050

EINFACH *genial* GRILLEN

Steak & Burger

NOCH MEHR LECKERE REZEPTIDEEN
FINDEN SIE AUF www.heel-verlag.de

EINFACH GENIAL GRILLEN

144 Seiten, 185 x 225 mm, Softcover
ISBN: 978-3-95843-987-0
€ (D) 9,99

EINFACH GENIAL GRILLEN - DUTCH OVEN

128 Seiten, 185 x 225 mm, Softcover
ISBN: 978-3-96664-182-1
€ (D) 9,99

NOCH MEHR BÜCHER VON OLIVER SIEVERS

MÄNNER AM GRILL

Buch (144 Seiten) mit hochwertigem Tramontina-Steakmesser mit 12 cm Echtholzgriff und 12 cm Klinge ausrostfreiem Edelstahl, 300 x 330 x 25 mm.
ISBN 978-3-95843-877-4
€ (D) 24,99

IMPRESSUM

HEEL Verlag GmbH
Gut Pottscheidt
53639 Königswinter
Tel.: 02223 9230-0
Fax: 02223 9230-13
E-Mail: info@heel-verlag.de
Internet: www.heel-verlag.de

© 2021 HEEL Verlag GmbH

Alle Rechte, auch die des Nachdrucks, der Wiedergabe in jeder Form und der Übersetzung in andere Sprachen, behält sich der Herausgeber vor. Es ist ohne schriftliche Genehmigung des Verlages nicht erlaubt, das Buch und Teile daraus auf fotomechanischem Weg zu vervielfältigen oder unter Verwendung elektronischer bzw. mechanischer Systeme zu speichern, systematisch auszuwerten oder zu verbreiten.

Autor: Oliver Sievers
Projektleitung: Christine Birnbaum, Hannah Kwella
Satz und Gestaltung: Christine Mertens
Fotos: © Volker Debus
© Adobe Stock: Mikhaylovskiy, blende11.photo, One Pixel Studio, sutichak, Anja Kaiser, marchiez, MoreVector, yuromanovich, HLPhoto, provectors, Damian, peekeedee, desbayy, mamamaria, zhenyakot, Maria.Epine, Olga Serova, Wonder-studio, desbayy, Sad, Qualit Design, Qualit Design, MoreVector, Margarita, Vector Tradition, Maria.Epine, mamamaria, logaryphmic, Sonulkaster, PaulLesser, OlesyaSH, daizuoxin, warmworld

Mit freundlicher Unterstützung von

Dieses Buch und die darin enthaltenen Rezepte wurden nach bestem Wissen und Gewissen verfasst. Weder der Verlag noch der Autor tragen die Verantwortung für ungewollte Reaktionen oder Beeinträchtigungen, die aus der Verarbeitung der Zutaten entstehen.

– Alle Rechte vorbehalten –
– Alle Angaben ohne Gewähr –

Unter Verwendung FSC®-zertifizierten Materials gedruckt

Printed in Slovakia

ISBN: 9783966641807

MIX
Papier aus verantwortungsvollen Quellen
FSC® C084279

EINFACH *genial*
GRILLEN

Steak & Burger

MIT GRILLWELTMEISTER
Oliver Sievers

HEEL

Inhalt

BURGER

STEAKS

BUNS · RUBS · SAUCEN · DIPS

Hallo Grillfreunde,

nichts ist wohl so sehr das Synonym für Fast Food wie der klassische Hamburger.

Nach seinem ersten Auftreten (es gibt mehrere Theorien über den Hamburger, wann und wo er zum ersten Mal serviert worden ist) hat er schnell den Siegeszug über den ganzen Globus angetreten. Begünstigt durch die aufkommenden Fast-Food-Ketten ist er jederzeit und fast überall schnell zu besorgen, wenn auch in stark schwankenden Qualitäten.

Wenn man allerdings gute Zutaten wählt und sich bei der Zubereitung etwas Mühe gibt, wird aus einem so einfachen Gericht eine wahre Köstlichkeit. Ich liebe einen guten Burger und wenn wir mit unserem Grillteam in der Weltgeschichte unterwegs sind, testen wir bei jeder Gelegenheit die vermeintlich besten Burgerbuden und BBQ-Läden der Gegend. Eher mittelmäßige bis geradezu fantastische Kreationen dieses vermeintlich einfachen Gerichts waren bei unseren Testessen dabei.

Es ist manchmal erstaunlich, wie man aus wenigen Zutaten etwas Besonderes entstehen lassen kann.

Ein Steak dagegen war schon immer ein besonderes Gericht, etwas mit Aussage, ein Statement. Ein edles Stück Fleisch, welches extra à la minute für einen zubereitet wird. In der Grundzutat schon hochpreisig, sind Steaks häufig die teuersten Gerichte auf der Karte im Restaurant.

In den letzten Jahren sind, neben den bekannten Varianten die meist die Premiumcuts aus dem Rinderrücken wie Rumpsteak, Rib Eye oder das Filet, das zarteste Steak überhaupt beinhalten, viele neue Zuschnitte erhältlich geworden. Skirtsteak, Flapmeat, Flanksteak oder Teres Major, das kannten bis vor wenigen Jahren nur Eingeweihte und weitgereiste Liebhaber, denn in vielen anderen Ländern sind solche Cuts vollkommen etabliert und jeder Metzger hat sie in der Auslage liegen.

Hier in Deutschland ändert sich das im Augenblick ebenfalls sehr schnell, viele regionale Metzger und eine Menge Online-Shops bieten mittlerweile viele dieser Steakvariationen an. Den Anfang hat da sicher das Flanksteak gemacht, das kennt inzwischen fast jeder, aber auch Skirtsteak, Flapmeat und Co. finden immer mehr Einzug in die Theken der Metzger. Einfach mal den Metzger des Vertrauens (MdV, eine der wichtigsten Personen im Leben eines ambitionierten Grillers) fragen, ob er etwas Besonderes da hat und was er denn empfehlen würde. Der Metzger besitzt umfangreiches Wissen und Fähigkeiten, er kennt sich mit Fleisch und der richtigen Zubereitung bestens aus, er sollte immer der erste Ansprechpartner sein.

Ich esse Burger und Steaks gleichermaßen sehr gerne, mir macht es Spaß neue Zuschnitte und Produkte auszuprobieren und interessante Gerichte daraus zu entwickeln.

Einiges davon ist in diesem Buch niedergeschrieben und ich muss sagen, dass mir die Arbeit daran sehr viel Spaß gemacht hat und es ein absolutes Vergnügen war, die Ergebnisse meiner Tests hinterher mit Freunden zu verspeisen. Wie bei allen meiner Rezepte, handelt es sich in erster Linie immer nur um Zubereitungsvorschläge. Man kann ihnen entweder genauso folgen wie beschrieben oder sie einfach leicht verändern, falls eine besondere Zutat oder Idee danach verlangt.

Feel free – Kochen fängt da an, wo das Rezept aufhört.

In diesem Sinne, viel Spaß beim Nachgrillen und guten Appetit!

Oliver Sievers

DIE VERSCHIEDENEN GARSTUFEN

Bevor wir mit den Rezepten beginnen, sollten wir ein paar Grundlagen beherrschen: die Garstufen und das richtige Zubereiten von Fleisch.

Grundsätzlich sollte ein Steak von außen immer eine ansprechende Kruste haben. Das geht sehr gut über eine hohe Temperatur beim Anbraten oder Angrillen, eine

Gewürzkruste durch das Auftragen von Gewürzmischungen vor der Zubereitung oder durch eine längere Garzeit bei niedriger Temperatur im Smoker. Natürlich kann man auch alle Methoden miteinander kombinieren, falls einem das sinnvoll oder interessant erscheint. Ein Filetsteak von bester Qualität würde ich erst nach der Zubereitung würzen, Salz und Pfeffer reichen mir da.

Ein intensiv nach Fleisch schmeckendes Skirtsteak aber beispielsweise, mit seiner groben Struktur, ist gutes Ausgangsmaterial für geschmackvolle Experimente. Gewürzte Steaks verlangen allerdings mehr Aufmerksamkeit beim Angrillen, da die Gewürze schneller verbrennen. Entgegen der weitläufigen Meinung ist es nicht falsch ein Steak vor dem Grillen zu würzen und es entzieht ihm auch kaum bis keine Flüssigkeit. Ich zeige das seit Jahren gerne bei Grillkursen und Vorführungen.

Was den inneren Zustand des Steaks angeht, gibt es aber klare Abgrenzungen im Gargrad. Der gewählte Gargrad ist etwas von der Herkunft, dem Zuschnitt, dem Alter und Geschlecht des Tieres und der Reifung abhängig, hauptsächlich aber vom eigenen Geschmack.

Burger

Grill-Zubehör

Für Einsteiger in das Thema Steak empfehle ich immer mit dem Gargrad medium zu beginnen und sich dann, was die Kerntemperatur angeht, nach seinem Geschmack nach oben oder unten zu orientieren. Nur die Kerntemperatur gibt uns den genauen Garpunkt an.

Ich benutze zur Kontrolle immer, und ich meine wirklich immer, ein Einstechthermometer. Diese sehr genauen Messinstrumente gibt es in guter Qualität schon für ca. 20 Euro und es ist eine sehr gute Idee sich ein solches anzuschaffen oder es sich bei nächster Gelegenheit schenken zu lassen.

Es bewahrt einen sicher vor entmutigenden Ergebnissen und macht sich bei dem ersten, nicht total übergarten Steak schon bezahlt. Nicht umsonst nutzt praktisch jeder Grillprofi ein solches Thermometer – nicht, weil er ohne kein optimales Ergebnis erzielen könnte, sondern weil es ein gutes und einfaches Mittel ist stets sehr gute Qualität zu servieren.

GARSTUFEN
FÜR STEAKS UND BEEF-PATTIES

blue rare

KERNTEMPERATUR: 38–44 °C

Das Fleisch ist innen noch völlig roh und gibt auf Druck stark nach.

rare (blutig)

KERNTEMPERATUR: 45–49 °C

Das Fleisch ist immer noch rot und fast unverändert zum Rohzustand.

GARSTUFEN
FÜR STEAKS UND BEEF-PATTIES

medium rare (englisch)

KERNTEMPERATUR: 50–53 °C

Die Fleischfarbe ist zartrosa, das Steak ist nicht mehr ganz roh.

medium well

KERNTEMPERATUR 57–60 °C

Das Steak ist jetzt fast durchgegart und gibt auf Druck kaum noch nach

medium

KERNTEMPERATUR: 54–56 °C

Das Steak ist halb durchgebraten und hat eine schöne rosa Farbe. Medium ist Standard in der Gastronomie und falls nicht anders bestellt, sollte das Steak so serviert werden.

well done (durch)

KERNTEMPERATUR ÜBER 61 °C

Das Steak ist völlig durchgegart und gibt auf Druck nicht mehr nach, ein echtes Kauerlebnis!

Steaks

BURGER

Big Kahuna
BURGER

4 Portionen

4 Beef-Patties	Salz und Pfeffer
8 EL Teriyaki-Sauce	2 große Zwiebeln, in dünne Ringe geschnitten
8 Scheiben Bacon	Butter und Öl zum Braten
4 Scheiben Ananas, am besten frisch, aus der Dose geht aber auch	4 Buns
100 ml Mayonnaise	2 Salatherzen, in feine Streifen geschnitten
50 ml Ketchup	1 Tomate, in Scheiben geschnitten
Koriander, gehackt	

Zubereitung

1 | Die Patties von beiden Seiten dünn mit der Teriyaki-Sauce einstreichen und für ca. 30 Minuten ziehen lassen.

2 | Jeweils 2 Scheiben Bacon um eine Scheibe Ananas wickeln.

3 | Die Mayonnaise, den Ketchup und den gehackten Koriander zu einer Sauce vermengen und mit Salz und Pfeffer abschmecken.

4 | Auf dem heißen Grill die Patties scharf von beiden Seiten anrösten und bei mittlerer Hitze indirekt medium garen.

5 | Gleichzeitig die Zwiebeln in einer Pfanne mit etwas Öl schmoren und warmhalten.

6 | Die Ananas-Baconscheiben ebenfalls scharf anrösten und anschließend sanft weitergaren.

7 | Die Buns aufschneiden, leicht buttern und innen kurz auf dem Grill anrösten. Auf jeweils die untere Hälfte der Buns zuerst etwas von der Sauce, dann den Salat, eine Tomatenscheibe, ein Patty, eine Ananas-Baconscheibe und Zwiebeln geben. Abschließend einen erneuten Klecks Sauce und den Deckel.

Info

Der Big Kahuna Burger ist ein fiktiver Burger aus einem meiner Lieblingsfilme, Pulp Fiction von Quentin Tarantino. Es geistern viele Rezepte dafür durchs Internet, einige Zutaten sind aber fast überall dabei und so habe ich den Burger so zusammengestellt, wie er mir am besten schmeckt.

Spicy Shrimp
BURGER

4 Portionen

600 g Shrimps, ohne Kopf
und Schale, entdarmt

Olivenöl

4 Brioche Buns

Butter

50 ml Mayonnaise

2 Lauchzwiebeln, der grüne Teil
in dünne Scheiben geschnitten,
das Weiße wird nicht benötigt

1 Chilischote, scharf,
in dünne Ringe geschnitten

1 Bund Koriander oder Dill,
gehackt

Salz und Pfeffer

Saft einer Limette

4 Salatblätter

Zubereitung

1 | Die Shrimps abwaschen und trockentupfen, mit Öl bestreichen und auf dem Grill von beiden Seiten kräftig anrösten. Kurz, je nach Größe der Shrimps, im indirekten Bereich ziehen lassen.

2 | Die Buns aufschneiden, die Schnittflächen mit Butter bestreichen und kurz auf dem heißen Rost toasten.

3 | Die heißen Shrimps mit der Mayonnaise, den Lauchzwiebeln, der Chili und dem halben Bund Koriander (oder Dill) vermengen und mit Salz, Pfeffer und Limettensaft abschmecken.

4 | Auf die Unterseite der Buns zunächst etwas Salat geben, dann die Shrimps auflegen und ein wenig frischen Koriander darüber streuen.

Tipp

Koriander ist ein sehr kräftiges und pola-
risierendes Kraut, lieber vorher die Gäste
fragen und nach Bedarf durch Dill erset-
zen, der eignet sich ebenfalls sehr gut.
Bei der Chilischote vorsichtig sein,
lieber hinterher nachwürzen, das
geht problemlos.

Portobello Veggie-
BURGER

4 Portionen

1 große Metzgerzwiebel, in
ca. 1,5 cm dicke Scheiben geschnitten

2 Eier

2 Lauchzwiebeln,
in feine Ringe geschnitten

2 Knoblauchzehen, fein gehackt

2 Chilischoten, in feine Ringe
geschnitten, ohne Kerne

100 g Parmesan, gerieben

Salz und Pfeffer

Olivenöl

4 Portobello-Pilze
(Riesenchampignons)

4 Scheiben Cheddar oder Bergkäse

4 Brioche Buns

Butter

Mayonnaise

4 Blatt Salat

1 Tomate, in Scheiben geschnitten

Senf

Ketchup

Gewürzgurken, in Scheiben
geschnitten

Zubereitung

1 | Das Innere der Zwiebelscheiben herausnehmen, sodass nur noch die äußeren beiden Ringe zusammenhalten.

2 | Die Eier mit den Lauchzwiebeln, dem Knoblauch, den Chilischoten und dem Parmesan vermengen und mit Salz und Pfeffer würzen.

3 | Die vier größten doppelten Zwiebelringe in eine heiße Pfanne oder auf eine Griddleplatte mit etwas Öl legen und kurz anbraten. Dann die Eimasse gleichmäßig in die Ringe füllen und für ca. 5 Minuten bei mittlerer Hitze braten. Vorsichtig wenden und für weitere 5 Minuten garen.

4 | In der Zwischenzeit die Pilze vom Stiel befreien und kurz beide Seiten auf dem Grill anrösten. Die Pilze in den indirekten Bereich des Grills legen, jeweils einen gefüllten Zwiebelring und eine Scheibe Käse auflegen und weiter garen, bis der Käse leicht geschmolzen ist.

5 | Die Buns aufschneiden, die Innenseiten leicht buttern und kurz anrösten. Auf die untere Hälfte der Buns erst etwas Mayonnaise geben, dann den Salat und die Tomatenscheiben darauf verteilen. Anschließend die Zwiebelringe und den Pilz mit dem Käse auflegen und zum Schluss mit Senf und etwas Ketchup verfeinern. Die Gewürzgurke als Topping darüber geben, den Deckel aufsetzen und genießen.

Breakfast Burger
BLT BURGER

4 Portionen

12 Scheiben Bacon, 3 mm dick geschnitten

4 Eier

Butter

Salz und Pfeffer

4 Brioche Buns

Mayonnaise

Salat, in feine Streifen geschnitten

1 Tomate, in Scheiben geschnitten

Senf

Ketchup

Zubereitung

1 | Den Bacon auf dem Grill knusprig grillen oder in einer Pfanne braten.

2 | Die Eier mit etwas Butter zu Spiegeleiern braten, mit Salz und Pfeffer würzen und kurz warmstellen.

3 | Die Buns aufschneiden, die Schnittflächen leicht buttern und kurz anrösten.

4 | Auf die untere Hälfte zuerst etwas Mayonnaise geben, dann ein wenig Salat und Tomate, den Bacon, das Spiegelei, etwas Senf und Ketchup, abschließend den Deckel.

Tipp

Ich bereite den BLT gerne als Snack auf einer Griddleplatte im Grill zu, meistens während einer Meisterschaft für das ganze Team. Man kann ihn aber auch sehr gut in der Küche zubereiten.

BURGER
Mc-Rib-Style

4 Portionen

1 Lage Schweinerippchen

4 EL BBQ-Rub für Schwein

30 ml Apfelsaft

200 ml BBQ-Sauce

1 breites Baguette oder Chiabatta

Butter

1 Zwiebel, in Ringe geschnitten

Jalapeños

Zubereitung

1 | Die Silberhaut von der Knochenseite der Rippchen abziehen und das Fleisch von beiden Seiten mit dem Rub würzen.

2 | Indirekt im Grill bei ca. 120 °C für etwa 3 Stunden mit etwas Räucherholz (z. B. Hickory) smoken. Dann in eine feuerfeste Schale legen, den Apfelsaft dazugeben und mit Alufolie abdecken, dabei sollte die Folie nicht das Fleisch berühren. Für weitere 2–3 Stunden garen, bis sich der Knochen leicht vom Fleisch lösen lässt.

3 | Die Folie abnehmen, die Knochen vorsichtig entfernen und die Oberseite mit etwas BBQ-Sauce bestreichen. Nochmal für weitere ca. 30 Minuten garen.

4 | Das Baguette mittig aufschneiden, die Schnittflächen leicht buttern und auf dem Grill kurz anrösten.

5 | Die Ribs als Ganzes auf die Unterseite des Baguettes legen. Dann die BBQ-Sauce, die Zwiebelringe und die Jalapeños darüber verteilen und den Deckel auflegen. In Portionen schneiden und mit Coleslaw servieren.

Sloppy Joe

4 Portionen

800 g Hackfleisch vom Rind

1 große Zwiebel, in kleine Würfel geschnitten

1 grüne Paprika, in kleine Würfel geschnitten

1 Knoblauchzehe, fein gehackt

1 Chilischote, in Ringe geschnitten

50 g Tomatenmark

200 g gehackte Dosentomaten

3 EL Worcestersauce

Salz und Pfeffer

4 Buns

Butter

100 g Cheddar, gerieben

eingelegte Jalapeños

Zubereitung

1 | Das Hackfleisch in einer großen Pfanne rundherum scharf anbraten, dann das geschnittene, frische Gemüse hinzufügen und ebenfalls kräftig mitanrösten.

2 | Das Tomatenmark dazugeben und kurz mitrösten.

3 | Die gehackten Tomaten in die Pfanne geben, alles gut vermengen und mit der Worcestersauce, Salz und Pfeffer würzen. Für ca. 30 Minuten auf die gewünschte Konsistenz einkochen, für unsere Burger sollte es nicht zu flüssig sein, gegebenenfalls nachwürzen.

4 | Die Buns aufschneiden, die Schnittflächen leicht buttern und kurz antoasten.

5 | Etwas von der Sloppy-Joe-Sauce auf die Unterseite geben, dann den Käse und ein paar in Ringe geschnittene Jalapeños darauf geben und mit dem Deckel abschließen.

Info

Der Sloppy Joe (schlampiger Joe) ist kein typischer Burger, aber dennoch ein amerikanisches Original. Zum ersten Mal wurde er wohl in der gleichnamigen Bar auf Key West/Florida serviert, allerdings gibt es mehrere Theorien darüber. Er eignet sich aufgrund der einfachen Vorbereitung perfekt für Feste und Partys. Alles für die Gäste bereitstellen und jeder kann sich seinen Burger selbst zusammenbauen, wenn ihm danach ist.

Pulled Lachs
BURGER

800 g frischer Lachs

3 EL BBQ-Rub für Fisch

200 ml Joghurt 10 %

frische Kräuter, gehackt (z. B. Dill, Petersilie, Koriander, Minze)

Salz und Pfeffer

Saft einer Limette

4 Black Buns (Rezept S. 110)

Butter

1 Kopf Friesee-Salat

1 Avocado, ohne Schale und Kern in dünne Scheiben geschnitten

1 Tomate, in Scheiben geschnitten

Kresse

Zubereitung

1 | Den Lachs putzen und mit dem BBQ-Rub würzen. Auf einer Räucherplanke platzieren und über direkter Hitze, ca. 200 °C, für etwa 20–25 Minuten garen. Die Kerntemperatur sollte am Ende ca. 55 °C betragen. Unbedingt den Deckel schließen, sonst fängt das Brett an zu verbrennen, es soll aber nur sanft schwelen und Rauch produzieren.

2 | Den Joghurt mit den gehackten Kräutern vermengen und mit Salz, Pfeffer und etwas Limettensaft abschmecken.

3 | Die Buns aufschneiden, die Schnittflächen leicht buttern und auf dem heißen Grill ein wenig anrösten.

4 | Den Lachs ohne die Haut von der Planke lösen und mit zwei Gabeln locker in einzelne Flocken zerteilen. Auf die untere Hälfte der Buns etwas Joghurt geben, dann den Salat, die Avocado, die Tomate, den gepullten Lachs, wieder etwas Joghurt und etwas von der Kresse darauf verteilen. Mit dem Deckel abschließen.

Chili-Cheese-
BURGER

4 Portionen

4 Beef-Patties

4 Buns

Butter

Chili-Cheese-Sauce (Rezept S. 121)

Mayonnaise

4 Blatt Salat

1 Tomate, in Scheiben geschnitten

Ketchup

1 Zwiebel, in dünne Scheiben geschnitten

1 sauer eingelegte Jalapeños, in Ringe geschnitten

Zubereitung

1 | Die Patties auf dem heißen Grill von beiden Seiten scharf anrösten, danach indirekt bei sanfter Hitze medium garen, das geht natürlich auch in einer Pfanne in der Küche.

2 | Den Bun aufschneiden und die Innenseiten dünn mit Butter bestreichen. Die Innenseiten kurz auf dem Grill oder in der Pfanne antoasten.

3 | Die Chili-Cheese-Sauce in einem Topf erhitzen.

4 | Auf die untere Hälfte der Buns zuerst etwas Mayonnaise geben, dann den Salat, die Tomatenscheiben, das Patty, die Käsesauce, den Ketchup, die Zwiebel und ein paar Jalapeños, abschließend den Deckel auflegen.

Steak-Burger

4 Portionen

**8 Rib Eye Steaks oder Rumpsteaks,
jeweils nur ca. 5 mm dick geschnitten**

Salz und Pfeffer

4 Brioche Buns

Butter

100 ml Mayonnaise

1 Salatkopf

8 Scheiben Tomaten

4 EL Hot-Sauce

Zubereitung

1 | Den Grill oder die Pfanne sehr heiß vorheizen und die Steaks darin von beiden Seiten jeweils 1–2 Minuten knusprig anbraten, es kommt vor allem auf die leckeren Röstaromen an. Vom Grill nehmen, mit etwas Salz und Pfeffer würzen und kurz ruhen lassen.

2 | In der Zwischenzeit die Buns aufschneiden, die Innenseiten mit Butter bestreichen und auf dem Grill antoasten.

3 | Zum Anrichten die Unterseite der Buns mit etwas Mayonnaise bestreichen, abwechselnd mit einem Blatt Salat, 1–2 Scheiben Tomate und einem Steak belegen, das Ganze wiederholen und mit etwas Mayonnaise und Hot-Sauce abschließen. Den Deckel der Buns auflegen und servieren.

Info

Dieses Sandwich ist angelehnt an das in den USA sehr beliebte BLT-Sandwich, das normalerweise mit Bacon, Salat und Tomatenscheiben belegt ist. Wir nehmen allerdings sehr dünn geschnittene Steaks als Ersatz für den Bacon, quasi die Premium-Variante dieses Sandwichs. Hierbei sollte auf eine besonders gute Qualität der Steaks mit starker Marmorierung geachtet werden.

Crispy-Chicken-
BURGER

4 Portionen

4 x Hähnchenbrust	Butter
2 Eier	100 ml Mayonnaise
100 g Mehl	3–4 EL Hot Sauce
200 g Panko	4 Blatt Salat
3 EL BBQ-Rub	1 Tomate, in Scheiben geschnitten
Öl zum Frittieren	2 Gewürzgurken, in Scheiben geschnitten
4 Buns	

Zubereitung

1 | Die Hähnchenbrust mit einem Schmetterlingsschnitt aufschneiden und aufklappen, so erhält man ein größeres, aber dünneres Stück Fleisch, das sich gleichmäßig frittieren lässt.

2 | Die Eier aufschlagen und in eine Schüssel geben.

3 | Das Mehl und das Panko ebenfalls in jeweils separate Schüsseln geben.

4 | Das Fleisch mit dem Rub würzen und anschließend panieren. Dazu das Fleisch zuerst in das Mehl geben, dann in den Eiern und abschließend im Panko-Paniermehl (natürlich funktioniert es auch mit normalen Semmelbröseln, Panko wird aber etwas knuspriger) wälzen. In einer Fritteuse oder tiefen Pfanne mit Öl bei ca. 175 °C frittieren.

5 | In der Zwischenzeit die Buns aufschneiden, mit etwas Butter bestreichen und auf dem Grill oder in einer Pfanne leicht antoasten.

6 | Die Mayonnaise mit der Hot-Sauce vermengen.

7 | Anschließend die Burger bauen. Dafür auf die Unterseite der Buns zunächst den Salat, dann die Tomate, die Hähnchenbrust, etwas Mayonnaise und die Gurken verteilen. Mit der Oberseite der Buns abschließen.

Butternut-Veggie-BURGER

4 Portionen

4 Scheiben Butternut-Kürbis, je ca. 1,5 cm dick

3 EL BBQ-Rub für Rind

4 Scheiben Bergkäse

200 ml Joghurt 10 %

Senf

Petersilie, fein gehackt

Minze, fein gehackt

Koriander, fein gehackt

1 Knoblauchzehe, fein gehackt

1 Chilischote, fein gehackt

Salz und Pfeffer

4 Buns

Butter

4 Blatt Salat

1 Tomate, in Scheiben geschnitten

100 g Röstzwiebeln

Gartenkresse

Zubereitung

1 | Die Kürbisscheiben von beiden Seiten mit dem Rub würzen und für ca. 30 Minuten ziehen lassen.

2 | Den Grill auf ein direktes Grillen bei 180–200 °C einregeln und die Kürbisscheiben von beiden Seiten anrösten und garen, dabei mehrfach wenden.

3 | Sobald der Kürbis weich ist, den Käse auflegen und weitere 5 Minuten im indirekten Bereich des Grills garen, bis der Käse geschmolzen ist.

4 | Den Joghurt mit dem Senf, den gehackten Kräutern, dem Knoblauch und der Chili vermengen und mit Salz und Pfeffer abschmecken.

5 | Die Buns aufschneiden, die Innenseiten buttern und auf dem Grill leicht anrösten. Auf die untere Hälfte der Buns etwas Joghurt und Salat, die Tomate, den Kürbis, nochmal etwas Joghurt und schließlich die Röstzwiebeln geben. Mit der Kresse und dem Deckel abschließen.

Tipp

Der Butternut-Kürbis eignet sich hier besonders gut, da er die richtige Größe für Burger hat und nur ein kleines Kerngehäuse, aber eine fleischige Konsistenz und ein intensives Aroma besitzt.

Double-Bacon-
BURGER

8 Beef-Patties à 125 g

16 Scheiben Bacon

4 Buns

Butter

Mayonnaise

Senf

2 Salatherzen, in Streifen geschnitten

1 Tomate, in Scheiben geschnitten

Ketchup

1 große Zwiebel, in Ringe geschnitten

2 Gewürzgurken, in Scheiben geschnitten

Salz und Pfeffer

Zubereitung

1 | Die Patties auf dem Grill oder in einer heißen Pfanne von beiden Seiten je 2–3 Minuten scharf anrösten und dann für 3–5 Minuten bei sanfter Hitze nachgaren lassen.

2 | In der Zwischenzeit den Bacon knusprig braten.

3 | Die Buns aufschneiden, die Innenseiten leicht buttern und antoasten.

4 | Für den Burger zuerst etwas Mayonnaise und Senf auf die untere Hälfte der Buns geben, dann den Salat, die Tomate, zweimal abwechselnd ein Patty und insgesamt 4 Scheiben Bacon, etwas Ketchup, noch einmal Senf oder Mayonnaise nach Belieben, die Zwiebelringe und die Gewürzgurken übereinanderstapeln. Mit dem Deckel abschließen.

Wagyu-Umami-BURGER

600 g Hackfleisch vom Wagyu-Rind

4 EL Sojasauce

Salz und Pfeffer

2 große Tomaten, halbiert (Deckel und Boden dünn abgeschnitten, also jeweils eine dicke Scheibe aus einer Hälfte)

3 EL Teriyaki-Sauce

2 EL brauner Zucker

80 g Parmesan, gerieben

4 Eigelbe von frischen Bio-Eiern

Sushi-Mayonnaise

4 Brioche Buns

4 Blatt Salat

Zubereitung

1 | Das Hackfleisch mit der Sojasauce und ein wenig Salz und Pfeffer würzen und alles gut miteinander vermengen. Zu vier gleichgroßen Patties formen und für ca. 1 Stunde im Kühlschrank ziehen lassen.

2 | Die vier Tomatenscheiben mit der Teriyaki-Sauce bestreichen, die Oberseite mit etwas Salz, Pfeffer und Zucker würzen und den Parmesan darauf verteilen.

3 | Die Patties auf dem heißen Grill von beiden Seiten scharf anrösten, das Eigelb im Ganzen auf jeweils ein Patty legen und im indirekten Bereich 8–10 Minuten ziehen lassen. Die Tomaten können gleichzeitig mit in den Grill, am besten auf den Ablagerost über der direkten Hitze.

4 | Die Buns aufschneiden, die Schnittflächen leicht mit etwas Mayonnaise bestreichen und kurz anrösten. Auf die untere Hälfte des Buns erneut etwas Mayonnaise geben, dann den Patty mit dem Eigelb, die geschmorte Tomate und wieder etwas Mayonnaise. Abschließend den Deckel auflegen. Vorsicht: Das köstliche Eigelb läuft dabei am Burger hinunter und kreiert seinen einzigartigen Look!

Italian Burger

4 Büffel-Patties

50 g Parmesan

2 große Zwiebeln, in Ringe geschnitten

Olivenöl

4 EL Balsamicoessig

2 EL Honig

Salz und Pfeffer

4 Kräuter Buns

4 EL Aioli

Rucola

1 Tomate, in Scheiben geschnitten

4 EL grünes Pesto

1 Mozzarella, in Scheiben geschnitten

Zubereitung

1 | Die Patties auf dem heißen Grill von beiden Seiten scharf anrösten, dann etwas Parmesan darüber reiben und im indirekten Bereich medium fertig garen.

2 | In der Zwischenzeit die Zwiebeln in etwas Öl glasig dünsten, mit dem Essig ablöschen und den Honig hinzufügen. Ein paar Minuten köcheln lassen und mit Salz und Pfeffer abschmecken.

3 | Auf die untere Hälfte der Buns zuerst etwas Aioli geben, danach den Rucola, die Tomate, die Patties, das Pesto, den Mozzarella und die Balsamico-Zwiebeln darauf verteilen. Mit einem Kleks Aioli abschließen.

Das Büffelfleisch gibt dem Burger eine besondere Geschmacksrichtung, aber natürlich schmeckt er auch mit gewöhnlichem Rindfleisch.

Juicy-Lucy-
BURGER

4 Portionen

800 g Hackfleisch vom Rind	4 Buns
4 Scheiben Cheddar	100 ml Mayonnaise
4 rote Zwiebeln, in Ringe geschnitten	1 EL Chilisauce
50 g Butter	4 Salatblätter, z. B. Lollo rosso
50 g Honig	1 Tomate, in Scheiben geschnitten
Salz und Pfeffer	50 g eingelegte Gurken oder Jalapeños

Zubereitung

1 | Das Hackfleisch zu insgesamt 8 dünnen Patties formen.

2 | Den Cheddar in Stücke schneiden und auf die Mitte von 4 der Patties verteilen, dabei den Rand auslassen. Anschließend den Käse mit den übrigen 4 Patties abdecken und 4 stattliche Patties mit Käsefüllung daraus formen. Diese anschließend bei starker Hitze kräftig von beiden Seiten anrösten. Nach dem Wenden die Patties in einen Bereich mit weniger Hitze legen und garziehen.

3 | Währenddessen die Zwiebeln ebenfalls anrösten, dazu eine Pfanne oder Griddle verwenden. Zwiebeln mehrfach wenden und ebenfalls in eine weniger heiße Zone schieben.

4 | Die Butter und den Honig über die Zwiebeln geben und schmelzen lassen. Die Honig-Zwiebeln mit Salz und Pfeffer würzen und abschmecken.

5 | Die Buns halbieren, die Innenseiten buttern und leicht antoasten.

6 | Die Mayonnaise mit der Chilisauce mischen. Danach auf die Unterseite der Buns etwas Chili-Mayonnaise, Salat, jeweils ein Patty, eine Scheibe Tomate, die Zwiebeln und die Gurken bzw. Jalapeños geben, abschließend den Deckel auflegen.

Pimento-Cheese-BURGER

4 Burger-Patties	4 Buns
50 g Mayonnaise	Butter
100 g Frischkäse	Senf
Chilischoten, fein gehackt	4 Salatblätter
1 Bund Schnittlauch, fein gehackt	4 Tomatenscheiben
Chipotle-Flakes	Ketchup
Pfeffer	Gewürzgurken oder eingelegte Jalapeños (oder beides)
100 g Cheddar, gerieben	
100 g Gruyère, gerieben	

Zubereitung

1 | Für den Pimento Cheese zuerst die Mayonnaise, den Frischkäse, die Chilischoten, den Schnittlauch, ein paar Chipotle-Flakes und etwas Pfeffer gut miteinander vermischen, dann den Cheddar und den Gruyere vorsichtig unterrühren und kräftig abschmecken.

2 | Die Patties auf dem heißen Grill von beiden Seiten scharf angrillen, dann in den indirekten Bereich legen, etwas Pimento Cheese darüber verteilen und medium fertig garen.

3 | Die Buns aufschneiden, die Innenseiten leicht buttern und kurz auf dem Grill anrösten.

4 | Auf die untere Hälfte der Buns zuerst etwas Senf geben, dann den Salat und die Tomatenscheiben verteilen. Die Patties mit Pimento Cheese auflegen, etwas Senf und Ketchup nach eigenem Gusto, dann die Pickles darübergeben und mit dem Deckel abschließen.

Tipp

Pimento Cheese kann man sehr
gut warm und kalt genießen
und er eignet sich toll als Belag
für Sandwiches und Burger oder
als Dipp für Brot und Cracker.

Pulled Beef
BURGER

4 Portionen

800 g Pulled Beef (frisch vom Grill,
oder auch aufgewärmte Reste
vom letzten BBQ)

100 ml BBQ-Sauce

4 Buns

Butter

Salat

200 g Coleslaw

2 rote Zwiebeln, in feine Ringe geschnitten

Zubereitung

1 | Das Pulled Beef frisch zupfen oder aufwärmen. Mit etwas BBQ-Sauce vermengen und warmstellen.

2 | Die Buns aufschneiden, die Innenseiten buttern und auf dem Grill leicht anrösten.

3 | Zuerst etwas Salat auf die untere Hälfte der Buns geben, dann das Pulled Beef, noch etwas BBQ-Sauce, den Coleslaw und die Zwiebelringe darauf geben. Mit dem Deckel abschließen.

Spider-Steak-
BURGER

4 Portionen

600 g Spider-Steak vom Rind oder Schwein

3 EL BBQ-Rub für Steaks

4 Buns

Butter

100 g Aioli

1 Kopf Salat, z. B. Lollo bionda

1 Tomate, in Scheiben geschnitten

4 Scheiben kräftigen Blauschimmelkäse

2 Lauchzwiebeln, in feine Ringe geschnitten

Zubereitung

1 | Das Steak mit dem BBQ-Rub würzen und 30 Minuten bei Zimmertemperatur ziehen lassen. Auf dem heißen Grill scharf von allen Seiten anrösten, danach in den indirekten Bereich ziehen und dort medium fertig garen.

2 | Die Buns aufschneiden, Innenseiten buttern und im Grill toasten.

3 | Das Steak 3–5 Minuten an einem warmen Ort ruhen lassen und quer zur Faser in dünne Scheiben schneiden.

4 | Auf die untere Hälfte des Buns etwas Aioli geben, dann ein wenig Salat, die Tomate, ein paar Scheiben Steak, den Blauschimmelkäse und wieder etwas Aioli darauf aufteilen. Mit der Lauchzwiebel garnieren.

Info

Das Spider-Steak ist z. B. auch als Kachelfleisch oder Fledermaussteak bekannt, je nach Region. Man muss seinen Metzger wahrscheinlich direkt danach fragen, normalerweise liegt es nicht in den Auslagen, aber kennen und besorgen können sollte er es mit Sicherheit.

Pulled Pork

BURGER

4 Portionen

600 g Pulled Pork (heiß aus dem Rauch
oder warmgemachte Reste vom letzten BBQ)

200 ml BBQ-Sauce

4 Brioche Buns

Butter

Salat, in feine Streifen geschnitten

200 g Coleslaw

Pickles (eingelegte Gurken oder Jalapeños in Scheiben)

Zubereitung

1 | Das Pulled Pork mit etwas BBQ-Sauce vermengen und warmstellen.

2 | Die Buns halbieren, die Innenseiten buttern und auf dem Grill leicht anrösten.

3 | Zuerst etwas Salat auf die Unterseite der Buns geben, danach das Pulled Pork, den Coleslaw, die Pickles und noch ein wenig BBQ-Sauce. Mit dem Deckel abschließen.

Tipp

**Sehr gut würde hier auch
Carolina-Mustard-Sauce
passen (Rezept S. 123).**

52

Surf & Turf
BURGER

4 Portionen

4 Beef Patties à 180 g

12 Shrimps, geschält, entdarmt, ohne Schwanz

frische Kräuter, z. B. Petersilie, Basilikum, Oregano, Koriander

1 Chilischote

1 Knoblauchzehe

Olivenöl

Salz und Pfeffer

4 Buns

Butter

80 ml Aioli

Salat, in feine Streifen geschnitten

1 Tomate, in Scheiben geschnitten

Zubereitung

1 | Die Kräuter, die Chili und den Knoblauch fein hacken und mit etwas Öl zu einer Marinade für die Shrimps vermischen, mit Salz und Pfeffer würzig abschmecken.

2 | Die Shrimps damit vermengen und im Kühlschrank für ca. 1 Stunde marinieren.

3 | Die Patties bei hoher Hitze scharf von beiden Seiten anrösten und für ein paar Minuten im indirekten Bereich medium fertig garen.

4 | Die Schrimps ebenfalls von beiden Seiten scharf anrösten, jeweils 2 Minuten sollten reichen, dann warmhalten.

5 | Die Buns aufschneiden, die Innenseiten mit etwas Butter bestreichen und kurz im Grill antoasten. Auf die untere Hälfte der Buns zuerst jeweils etwas Aioli und Salat geben, dann die Tomate, die Patties und die Shrimps aufteilen. Mit etwas Aioli und dem Deckel abschließen.

Tripple-Cheese-
BURGER

4 Portionen

12 Patties à 120 Gramm

12 Scheiben Cheddar

4 Buns

Butter

Mayonnaise

Salat

1 Tomate,
in Scheiben geschnitten

Senf

Ketchup

Gewürzgurken,
in Scheiben geschnitten

eingelegte Jalapeños

Zubereitung

1 | Den Grill auf ein direktes Grillen bei hoher Temperatur einrichten.

2 | Die Patties von beiden Seiten je 2 Minuten scharf anrösten, nach dem Wenden jeweils eine Scheibe Cheddar auf die Patties legen und dann ein paar Minuten indirekt ziehen lassen bis der Käse geschmolzen ist.

3 | Die Buns aufschneiden, die Schnittflächen leicht buttern und kurz im Grill anrösten.

4 | Auf die unteren Hälften der Buns einen Klecks Mayonnaise, etwas Salat und jeweils eine Scheibe Tomate geben. Danach drei Patties mit Käse übereinander-stapeln, etwas Senf und Ketchup, Gurken und/oder Jalapeños darauf geben und abschließend den Deckel auflegen.

STEAKS

Schmetterlingssteak

VOM SCHWEINERÜCKEN MIT ANANAS-CHUTNEY

4 Portionen

4 Schmetterlingsteaks vom Schweinerücken	1 Chilischote, in feine Ringe geschnitten
4 EL BBQ-Rub	Öl zum Braten
1 kleine Dose Ananasstücke	Saft einer Limette
1 kleine Zwiebel, in kleine Würfel geschnitten	Salz und Pfeffer

Zubereitung

1 | Die Steaks mittig ein- aber nicht durchschneiden und aufklappen.

2 | Das aufgeklappte Fleisch etwas flachdrücken und auf beiden Seiten mit dem BBQ-Rub würzen. Für ca. 30 Minuten ruhen lassen.

3 | In der Zwischenzeit den Grill auf ein direktes Grillen bei hoher Hitze vorbereiten. Eine geeignete Pfanne im Grill platzieren und die Ananas, die Zwiebel und die Chilischote mit etwas Öl darin anschwitzen.

4 | Den Saft einer Limette dazugeben und mit Salz und Pfeffer abschmecken. Vom Rost nehmen und warmhalten.

5 | Die Steaks auf den heißen Rost legen und jede Minute wenden, bis die Kerntemperatur ca. 60 °C erreicht hat. Dann vom Rost nehmen und vor dem Servieren für ein paar Minuten ruhen lassen.

Chuck Steak

ASIA STYLE

4 Portionen

1 kg Chuck-Steak

50 ml Sojasauce

50 ml Teriyaki-Sauce

2 EL Ingwer, gerieben

1 Chilischote, in feine Ringe geschnitten

3 EL frischer Koriander, grob gehackt

2 EL chinesische Gewürzmischung

Pfeffer

Kimchi aus dem Asialaden

Zubereitung

1 | Das Steak mit der Sojasauce und der Teriyaki-Sauce, dem Ingwer, der Chili und dem Koriander in einen Beutel geben, alles gut vermengen und für ca. 4 Stunden im Kühlschrank ziehen lassen.

2 | Das Steak anschließend aus der Marinade nehmen, abtupfen und mit der Gewürzmischung würzen. 15 Minuten ziehen lassen.

3 | Den Grill auf direktes Grillen bei hoher Temperatur einregeln. Das Steak scharf angrillen und medium garen, dabei mehrfach wenden. Vor dem Anrichten ein paar Minuten ruhen lassen, dünn aufschneiden und mit Kimchi servieren.

Gesmoktes Beef Tatar
VON DER PLANKE

4 Portionen

800 g frisches Rinderhack (ca. 5 % Fett)	4 Lauchzwiebeln, in feine Ringe geschnitten
½ EL scharfer Senf	2 EL Kapern
2 EL Worcestersauce	4 Sardellenfilets
Salz und Pfeffer	
Olivenöl	4 Räucherplanken (z. B. aus Hickory- oder Kirschholz)
4 frische Eigelbe von Bio-Eiern	

Zubereitung

1 | Das Hackfleisch mit dem Senf, der Worcestersauce, Salz und Pfeffer vermengen und gut abschmecken.

2 | Die Oberseite der Räucherplanke leicht mit Olivenöl einstreichen.

3 | Je 200 g Tatar mit einem Ring formen, auf die Planke legen und mittig eine Vertiefung hineindrücken. Im Grill über direkter hoher Hitze für 5–10 Minuten räuchern, je länger – desto stärker ist das Raucharoma.

4 | Vom Grill nehmen, je ein Eigelb in die Vertiefung geben, dazu noch etwas von den Lauchzwiebeln, den Kapern und den Sardellenfilets darübergeben. Auf der Planke mit geröstetem Weißbrot servieren.

Tipp

Ich nehme am liebsten Filet für dieses Rezept, aber es funktioniert und schmeckt auch mit günstigeren Zuschnitten. Im Prinzip geht jeder zum Kurzbraten geeignete Steak-Cut. Auf Frische und ausgezeichnete Qualität der Zutaten sollte hier natürlich besonders geachtet werden, weil die Zutaten teilweise roh verzehrt werden.

Cowboy Steak

MIT GLASIERTER GRILL-KARTOFFEL

4 Portionen

4 Cowboysteaks (Rib Eye Steaks Bone-in)

1 kg Drillinge mit Schale, am Vortag vorgekocht und abgekühlt

50 ml Mayonnaise

2 Knoblauchzehen, fein gehackt

2 Chilischoten, in feine Ringe geschnitten

2 Lauchzwiebeln, in feine Ringe geschnitten

3 EL BBQ-Rub

Zubereitung

1 | Die Steaks auf dem heißen Grill von beiden Seiten scharf anrösten und dann im indirekten Bereich des Grills bis zum gewünschten Gargrad nachziehen.

2 | Die Mayonnaise mit dem Knoblauch, den Chilis und den Lauchzwiebeln vermischen. Die Kartoffeln damit rundherum marinieren.

3 | Die Drillinge anschließend bei 180 °C indirekt im Grill platzieren (der Ablagerost z. B. eignet sich hervorragend dafür) und mit dem Rub würzen.

4 | 15–20 Minuten garen und mit dem Steak servieren. Dazu passt ein frischer Salat.

Skirtsteak-Taco

4 Portionen

600 g Skirtsteak

BBQ-Rub für Rind

8 Tortillas, Ø 12 cm

1 Salatherz, in feine Streifen geschnitten

1 Avocado, in Spalten geschnitten

200 g Pico de Gallo (Rezept S. 124)

100 g Pecorino, gerieben

Koriander

2 Limetten

Zubereitung

1 | Das Steak rundherum mit dem BBQ-Rub würzen und 30 Minuten bei Zimmertemperatur ziehen lassen.

2 | Den Grill auf eine hohe Temperatur einrichten und das Steak über direkter Hitze anrösten, mehrfach wenden und medium rare garen. Vom Rost nehmen und für ein paar Minuten ruhen lassen.

3 | Die Tortillas leicht auf dem Grill erwärmen.

4 | Das Steak derweil quer zur Faser in möglichst dünne Scheiben schneiden.

5 | Die Tortillas mit etwas Salat, der Avocado, der Pico de Gallo und dem Fleisch anrichten. Den Pecorino darüber reiben und mit Koriander und einem Spritzer Limettensaft verfeinern.

DOPPELTES
Bergmann-Kotelett

4 Portionen

4 doppelte Koteletts vom Schwein mit Knochen

Salz und Pfeffer

Salat und Baguette als Beilage

Zubereitung

1 | Die Koteletts von allen Seiten mit Salz und Pfeffer würzen und indirekt im Grill platzieren. Bei ca. 120 °C bis zu einer Kerntemperatur von 58 °C garen, das dauert je nach Dicke des Fleisches und Ausgangstemperatur locker eine Stunde oder mehr.

2 | Vom Grill nehmen und 5 Minuten an einem warmen Ort ruhen lassen.

3 | Den Grill auf ein direktes Grillen bei höchster Temperatur einregeln. Das Kotelett jetzt scharf angrillen und mit etwas frischem Salat und Baguette servieren. Salz und Pfeffer zum Nachwürzen bereitstellen.

Tipp

Wer die Möglichkeit hat, sollte hier unbedingt Dry Aged Schweinefleisch probieren, es ist deutlich geschmackvoller und saftiger, allerdings auch etwas teurer.

Filetsteak

MIT GEFÜLLTEN CHAMPIGNONS

4 Portionen

4 Filetsteaks à 250 g

8 große Champignons

100 g Frischkäse

1 Knoblauchzehe, fein gehackt

1 Lauchzwiebel,
in feine Ringe geschnitten

1 Chilischote, in feine Ringe
geschnitten

Salz und Pfeffer

50 g Parmesan

Zubereitung

1 | Die Steaks über direkter hoher Hitze von beiden Seiten scharf angrillen und im indirekten Bereich bei niedriger Temperatur sanft medium garen.

2 | Den Frischkäse mit dem Knoblauch, der Lauchzwiebel und der Chilischote vermengen und mit Salz und Pfeffer kräftig abschmecken.

3 | Die Champignons vom Stiel befreien und mit der Käsemischung füllen. Den Parmesan darüber reiben, die Pilze indirekt im Grill platzieren und ca. 10–15 Minuten garen.

Tipp

Zu dem Steak passt Chimichurri perfekt (Rezept S. 121), ansonsten einfach mit Salz und Pfeffer nachwürzen.

Iberico
NACKENSTEAK

4 Portionen

4 Nackensteaks vom Ibericoschwein, 3–4 cm dick

Salz und Pfeffer

etwas Polenta zur Deko

Olivenöl

Petersilie, gehackt

Zubereitung

1 | Die Steaks mit etwas Salz würzen und 30 Minuten bei Raumtemperatur ziehen lassen.

2 | Das Fleisch anschießend im indirekten Bereich des Grills langsam bei niedriger Hitze bis zu einer Kerntemperatur von 60 °C ziehen.

3 | Dann vom Grill nehmen und 10 Minuten ruhen lassen. Danach von allen Seiten kräftig anrösten.

4 | In Scheiben schneiden und auf der Polenta anrichten. Mit etwas Olivenöl, Pfeffer und Petersilie servieren.

Smokehouse
STEAK

4 Portionen

4 Rib Eye Steaks à 400 g

4 EL BBQ-Rub für Rind/Steaks

200 ml Texas Style BBQ-Sauce

Zubereitung

1 | Die Steaks rundherum mit dem BBQ-Rub würzen und 30 Minuten bei Zimmertemperatur ziehen lassen.

2 | Den Smoker/Grill auf ein indirektes Garen bei ca. 120 °C einrichten. Dabei etwas Räucherholz (z. B. Kirschbaum) in die Glut legen.

3 | Die Steaks indirekt auf dem Rost platzieren und bis zu einer Kerntemperatur von ca. 55 °C garziehen, zwischendurch mehrfach wenden und dünn mit der BBQ-Sauce bestreichen. Vom Rost nehmen und mit etwas Kartoffelpüree und grünen Bohnen servieren.

Flanksteak
MIT KAFFEEKRUSTE

4 Portionen

1 Flanksteak 800–1000 g

Coffee-Rub

Baguette

Zubereitung

1 | Den Rub anmischen (gibt es auch zu kaufen) und das Steak rundherum kräftig damit würzen. Für ca. 30 Minuten ziehen lassen.

2 | Das Steak anschließend über direkter hoher Hitze scharf von beiden Seiten angrillen und danach im indirekten Bereich des Grills bei niedriger Temperatur sanft bis zum gewünschten Gargrad ziehen lassen.

3 | Vor dem Aufschneiden ca. 5 Minuten an einem warmen Ort ruhen lassen. Zum Servieren in dünne Tranchen schneiden, dabei unbedingt quer zur Faser schneiden, und mit Brot servieren.

Tipp

COFFEE-RUB FÜR STEAK

50 g frisch gemahlene Kaffeebohnen
50 g brauner Zucker
15 g Salz
10 g frisch gemahlener Pfeffer
10 g Cayennepfeffer

Gefülltes Rumpsteak
MIT TOMATENRAGOUT

4 Portionen

4 Rumpsteaks à 250 g

FÜR DIE FÜLLUNG:

50 g getrocknete Tomaten in Öl, gehackt

50 g Fetakäse, gerieben

2 Lauchzwiebeln, nur das Grün, gehackt

1 Chilischote, fein gehackt

1 Knoblauchzehe, fein gehackt

20 g Walnüsse, gehackt

Salz und Pfeffer

FÜR DAS RAGOUT:

400 g Kirschtomaten, mittig halbiert

3 EL Olivenöl

2 Lauchzwiebeln, nur das Weiße, gehackt

eine Handvoll frische Kräuter, gehackt (z. B. Basilikum, Petersilie, Oregano)

Zucker zum Abschmecken

Zubereitung

1 | Zuerst die Füllung vorbereiten. Dazu die getrockneten Tomaten, den Feta, das Grün der Lauchzwiebeln, die Chilischote, den Knoblauch und die Walnüsse vermengen und mit Salz und Pfeffer kräftig abschmecken.

2 | Die Steaks seitlich ein- aber nicht durchschneiden. Es soll dabei eine Art Tasche entstehen. Die Füllung hineingeben und mit einem Spieß verschließen.

3 | Den Grill stark vorheizen, das Steak über der direkten Hitze scharf von beiden Seiten anrösten und dann im indirekten Bereich des Grills platzieren.

4 | Die Temperatur auf ca. 120 °C herunterregeln und das Steak bis zu einer Kerntemperatur von ca. 55 °C ziehen lassen (medium).

5 | In der Zwischenzeit die Kirschtomaten für das Ragout in einer heißen Pfanne in etwas Olivenöl anschwitzen. Die Lauchzwiebeln dazugeben und zuletzt mit den Kräutern und etwas Zucker verfeinern. Zum Servieren das Steak mittig durchschneiden, etwas Ragout dazugeben und mit Baguette anrichten.

Steak Strindberg

4 Portionen

4 Rumpsteaks ohne Fettdeckel à 250 g

6 EL Senf

Salz und Pfeffer

4 Zwiebeln, in Würfel geschnitten

100 g Mehl

Öl

Zubereitung

1 | Die Steaks auf einer Seite mit dem Senf bestreichen, mit Salz und Pfeffer würzen und dann in die gehackten Zwiebeln drücken, anschließend etwas Mehl darüber streuen.

2 | In einer heißen Pfanne, oder auf einer Griddleplatte auf dem Grill, mit etwas Öl und bei mittlerer Temperatur zuerst auf der Zwiebelseite anbraten. So wenig wie möglich bewegen und ca. 80 % der Garzeit auf dieser Seite braten, erst kurz vor Schluss vorsichtig wenden und auf der reinen Fleisch-seite fertig garen. Dazu passen ein frischer Salat und Brot.

Tipp

Man kann das Steak auch auf beiden Seiten mit Zwiebelkruste braten, was das Handling allerdings nicht unbedingt leichter macht. ;-)

GLASIERTES
Schweinefilet

2 Portionen

2 Schweinefilets

100 g BBQ-Rub für Schwein

GLASUR:

75 ml BBQ-Sauce

75 ml Ahornsirup

1 Chilischote, fein gehackt

1 Knoblauchzehe, fein gehackt

Zubereitung

1 | Die Schweinefilets parieren und von allen Seiten mit dem Rub würzen. 30 Minuten bei Zimmertemperatur ziehen lassen.

2 | Die Zutaten für die Glasur vermengen.

3 | Den Grill auf hohe Hitze einregeln. Die Filets von allen Seiten kräftig anrösten und dann in den indirekten Bereich legen. Die Temperatur im Grill reduzieren und die Filets dünn mit der Glasur einstreichen, mehrmals wiederholen bis die Glasur aufgebraucht ist.

4 | Bei einer Kerntemperatur von ca. 60 °C vom Grill nehmen und mit etwas Coleslaw servieren.

Hanging Tender

IN BUTTER GEZOGEN

4 Portionen

800 g Hanging Tender

200 g Butter

2 Knoblauchzehen, angedrückt

2 Rosmarinzweige

Salz und Pfeffer

Zubereitung

Das Hanging Tender besteht aus 2 Muskeln, die mit einer kräftigen Sehne verbunden sind, diese sollte vor der Zubereitung unbedingt entfernt werden. Wer sich das selbst nicht zutraut fragt am besten seinen Metzger des Vertrauens, der hat das ruckzuck erledigt.

Das anhaftende Fett kann gut dranbleiben, das schmilzt praktisch bei der Zubereitung und sorgt für mehr Aroma.

1 | Eine guss- oder schmiedeeiserne Pfanne auf dem Herd oder Grill platzieren und kräftig vorheizen.

2 | Das Steak in der Pfanne von allen Seiten kräftig anrösten und dann die Hitze etwas reduzieren.

3 | Die Butter, den Knoblauch und den Rosmarin in die Pfanne geben und die Butter schmelzen lassen.

4 | Das Fleisch in der Butter schwenken und mit einem Löffel immer wieder die aromatisierte Butter über das Fleisch geben. Bei einer Kerntemperatur von 53–55 °C das Steak aus der Pfanne nehmen und vor dem Servieren kurz ruhen lassen. Mit Salz und Pfeffer nachwürzen.

Iberico Kotelett

4 Portionen

4 Nackensteaks (Koteletts)
vom Ibericoschwein, ca. 2,5 cm dick

Olivenöl

Salz und Pfeffer

Zubereitung

1 | Die Steaks mit etwas Olivenöl bestreichen und mit Salz und Pfeffer würzen. Für ungefähr 30 Minuten ziehen lassen, den Grill auf ein indirektes Grillen bei ca. 120 °C vorbereiten.

2 | Die Steaks im indirekten Bereich platzieren und bis zu einer Kerntemperatur von 60 °C ziehen lassen.

3 | Vom Rost nehmen und für 5–10 Minuten ruhen lassen, in der Zwischenzeit den Grill auf die höchste Stufe einregeln.

4 | Das Fleisch jetzt von beiden Seiten scharf über der direkten Hitze anrösten und frisch vom Grill servieren. Dazu passen sehr gut Polenta oder Risotto.

Rib Eye Steak
MIT GERÖSTETEM CHINAKOHL

4 Portionen

4 Rib Eye Steaks à 250 g
Pflanzenöl

1 Chinakohl, in schmale Streifen geschnitten

1 rote Paprika, in schmale Streifen geschnitten

1 Chilischote, in feine Ringe geschnitten

1 Knoblauchzehe, fein gehackt

Salz und Pfeffer

Zubereitung

1 | Die Steaks über direkter, hoher Hitze scharf auf beiden Seiten angrillen und im indirekten Bereich des Grills medium nachziehen, dazu die Temperatur reduzieren.

2 | Etwas Öl in einer großen Pfanne erhitzen und das geschnittene Gemüse darin scharf anbraten. 5 Minuten bei mittlerer Hitze ziehen lassen und mit Salz und Pfeffer abschmecken.

3 | Die Steaks vor dem Servieren ein paar Minuten ruhen lassen, mit Salz und Pfeffer würzen und mit dem Chinakohl anrichten.

Tipp

Chinakohl eignet sich besonders gut, da er eine kurze Garzeit hat, sehr bekömmlich und jederzeit gut erhältlich ist, eine meiner bevorzugten Beilagen am Grill.

Gegrilltes Ochsenkotelett
MIT PORTWEINZWIEBELN

4 Portionen

1 Ochsenkotelett à 1200 g

400 g rote Zwiebeln, in feine Ringe geschnitten

50 g Butter

100 ml Portwein

Salz und Pfeffer

2–3 EL Rotweinessig

Waldhonig

30 g brauner Zucker

Zubereitung

1 | Das Kotelett zuerst im indirekten Bereich des Grills platzieren und bei einer Temperatur von ca. 120 °C bis zu einer Kerntemperatur von ca. 55 °C ziehen lassen.

2 | Währenddessen die Zwiebelringe in einem Topf mit der Butter anschwitzen und mit dem Portwein ablöschen. Sanft für 10–15 Minuten weiterschmoren lassen und mit etwas Salz und Pfeffer, dem Essig, etwas Honig und dem Zucker abschmecken.

3 | Hat das Fleisch seine Kerntemperatur erreicht, vom Rost nehmen und ruhen lassen, in der Zwischenzeit den Grill auf höchste Stufe einstellen.

4 | Über der direkten hohen Hitze wird das Steak jetzt von beiden Seiten kräftig angeröstet. Es kann sofort vom Grill serviert werden und benötigt praktisch keine weitere Ruhephase. Mit den Portweinzwiebeln und etwas Brot servieren.

Rumpsteak

IM SPECKMANTEL VON DER FEUERPLATTE

4 Portionen

4 Rumpsteaks à 250 g

24 Scheiben Bacon

Pfeffer

Zubereitung

1 | Die Rumpsteaks mit je 6 Scheiben Bacon, am besten über Kreuz, umwickeln und für ca. 1 Stunde bei Zimmertemperatur ruhen lassen.

2 | Feuerplatte auf eine mittlere Hitze einregeln.

3 | Anschließend das Fleisch auflegen und knusprig braten, bis der gewünschte Gargrad erreicht ist, dabei mehrfach wenden. Von der Platte nehmen, mit frisch gestoßenem Pfeffer würzen und vor dem Servieren ein paar Minuten ruhen lassen.

Tipp

Natürlich muss man für dieses Gericht nicht unbedingt eine Feuerplatte haben, es funktioniert auch sehr gut in einer Pfanne oder auf einer Griddleplatte.

Sandwich
VOM FLAPMEAT

4 Portionen

400 g Flapmeat

Salz und Pfeffer

1 Chiabatta

Mayonnaise

Salat, in feine Streifen geschnitten

1 Tomate, in Scheiben geschnitten

Chimichurri (Rezept S. 121)

Zubereitung

1 | Das Flapmeat mit Salz und Pfeffer würzen und 30 Minuten ziehen lassen.

2 | Den Grill auf höchste Hitze vorbereiten und das Steak von beiden Seiten scharf anrösten. Dann den Grill auf niedrige Hitze einregeln und das Steak im indirekten Bereich sanft nachziehen bis der gewünschte Gargrad erreicht ist.

3 | Das Flapmeat vom Rost nehmen und vor dem Aufschneiden an einem warmen Ort 5 Minuten ruhen lassen.

4 | Das Chiabatta aufschneiden und die Innenseiten mit etwas Mayonnaise bestreichen. Auf dem Grill leicht anrösten.

5 | Auf die untere Hälfte etwas Salat und Tomate geben, das in dünne Tranchen geschnittene Flapmeat darüber verteilen und mit etwas Chimichurri und dem Deckel abschließen.

Flat Iron

MIT WHISKEY-BUTTER

4 Portionen

800 g Flat Iron Steak

200 g Butter, zimmerwarm

3 EL Whiskey nach eigenem Geschmack

1 Knoblauchzehe, fein gehackt

2 EL Honig

Salz und Pfeffer

Zubereitung

1 | Die Butter mit dem Whiskey, dem Knoblauch und dem Honig vermengen und mit Salz und Pfeffer abschmecken.

2 | Das Steak über hoher Hitze scharf von beiden Seiten kräftig anrösten, dann in den indirekten Bereich des Grills legen und bis zum gewünschten Gargrad ziehen lassen. Vor dem Servieren einige Minuten ruhen lassen. Quer zur Faser in dünne Scheiben schneiden und mit der Butter anrichten.

Tipp

Perfekt passen dazu gegrillte Gemüsestreifen und fermentierter Pfeffer.

SCHARF MARINIERTES

Flanksteak

4 Portionen

1 Flanksteak 800–1000 g

5 EL Hot Sauce

3 EL BBQ-Rub für Rind

Gegrillte Chilis zur Deko

Zubereitung

1 | Das Steak mit der Hot Sauce in einen Beutel geben und für ca. 3 Stunden im Kühlschrank marinieren. Wer den Geschmack der Sauce, und damit die Schärfe, intensiver haben möchte, kann das Fleisch auch länger ziehen lassen. Je länger, desto intensiver!

2 | Anschließend aus dem Beutel nehmen, überschüssige Marinade abtupfen und das Steak von allen Seiten mit dem Rub würzen.

3 | Den Grill auf ca. 120 °C einregeln und das Steak im indirekten Bereich bis zu einer Kerntemperatur von 53–55 °C garen, je nach gewünschter Garstufe.

4 | Das Steak anschließend für 5 Minuten an einem warmen Ort ruhen lassen, in der Zwischenzeit den Grill auf die höchste Stufe aufheizen.

5 | Über der direkten, hohen Hitze wird das Steak jetzt von allen Seiten scharf gegrillt, bis sich eine schöne Kruste gebildet hat, dabei mehrfach wenden. Mit extra Hot Sauce, gegrillten Chilis und Brot servieren.

Tipp

Chilisaucen gibt es in vielen Varianten und Schärfegraden, lieber mit weniger Schärfe beginnen und sich bei Bedarf steigern. Zum Löschen von zu viel Schärfe eignen sich am besten joghurthaltige Dips, Saucen oder Getränke (z. B. Ayran).

Skirtsteak
MIT KNOBLAUCHGLASUR

4 Portionen

4 Skirt Steaks à 250 g

100 ml Mayonnaise

2 Knoblauchzehen, gerieben

1 Chilischote, fein gehackt

40 g Parmesan, fein gerieben

Salz und Pfeffer

Zubereitung

1 | Alle Zutaten, bis auf das Fleisch, miteinander zu einer Glasur vermengen und würzig abschmecken.

2 | Die Steaks auf dem heißen Grill auf beiden Seiten scharf angrillen.

3 | Direkt nach dem Wenden die Glasur auf die Steaks aufstreichen und diese dann in den indirekten Bereich ziehen. Bei hoher Temperatur bis zu einer Kerntemperatur von ca. 53 °C ziehen. Vom Rost nehmen und vor dem Servieren ein paar Minuten ruhen lassen.

T-Bone-Steak
AUS DEM OLIVENÖLBAD

4 Portionen

1 T-Bone Steak à 1200 g

500 ml Olivenöl

4 Knoblauchzehen, grob gehackt

1 Chilischote, in Ringe geschnitten

4 Rosmarinzweige

2 Lorbeerblätter

Salz und Pfeffer

Zubereitung

1 | Das Olivenöl in eine feuerfeste Form geben, die nur etwas größer als das Steak ist. Anschließend den Knoblauch, die Chili, den Rosmarin und die Lorbeerblätter in das Öl geben.

2 | Die Schale bei ca. 100 °C indirekt in den Grill (oder Backofen) stellen und 30 Minuten vorheizen.

3 | Das T-Bone Steak trockentupfen und in das Ölbad legen, eventuell mit Öl auffüllen, bis es bedeckt ist. Das Steak in der Schale ziehen lassen bis eine Kerntemperatur von 54 °C erreicht ist.

4 | Den Grill auf höchste Stufe einregeln. Derweil das Steak aus dem Olivenölbad nehmen und kurz abtropfen lassen. Anschließend das Fleisch über der direkten hohen Hitze von allen Seiten kräftig angeröstet. Zum Servieren das Fleisch vom Knochen lösen, dünn aufschneiden und mit Salz und Pfeffer würzen.

BBQ Party!

BUNS

Brioche

BUNS

8–12 Buns

320 ml Milch	100 g Butter (Zimmertemperatur)
50 g brauner Zucker	
50 g frische Hefe	**AUSSERDEM:**
575 g Mehl, Type 550	2 Eigelbe
2 Eier	2 EL Milch
12 g Salz	50 g Sesam

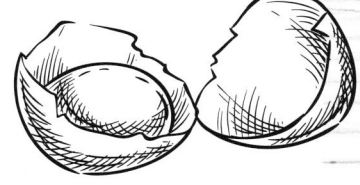

Zubereitung

1 | Die Milch, den Zucker und die Hefe in eine Schüssel geben, verrühren und abgedeckt für 30 Minuten ruhen lassen.

2 | Dann das Mehl, die Eier und das Salz dazugeben und mit einer Küchenmaschine 5 Minuten lang zu einem gleichmäßigen Teig verarbeiten.

3 | Die Butter hinzufügen und 5 Minuten lang weiterkneten. Anschließend abgedeckt für ca. 1 Stunde an einem warmen Ort gehen lassen.

4 | Den Teig je nach bevorzugter Größe in 8 bis 12 Teile portionieren und zu Buns formen. Nochmal abgedeckt 20 Minuten gehen lassen.

5 | Mit einer Mischung aus 2 Eigelben und der Milch bestreichen und etwas Sesam darüber verteilen. Im vorgeheizten Backofen brauchen die Buns ca. 18–20 Minuten bei 180 °C Ober-/Unterhitze.

Black

BUNS

8-12 Buns

50 ml Milch	500 g Mehl Type 550
200 ml warmes Wasser	1 Ei
35 g Zucker	**AUSSERDEM**
1 Würfel frische Hefe	2 Eigelbe
25 g Tintenfischtinte	2 EL Milch
8 g Salz	Sesam
100 g weiche Butter	

Zubereitung

1 | Die Milch und das Wasser in eine Schüssel geben, mit dem Zucker vermischen und die Hefe hineinbröseln. 10 Minuten gehen lassen.

2 | Nun die Tinte und die restlichen Zutaten hinzugeben und alles in einer Küchenmaschine zu einem geschmeidigen Teig kneten. Abgedeckt für 1 Stunde gehen lassen.

3 | Den Teig portionieren und die Buns formen, je nach gewünschter Größe werden es 8–12 Stück. Die geformten Buns nochmal für ca. 1 Stunde an einem warmen Ort gehen lassen.

4 | Nach der Stunde die Buns mit der Mischung aus Eigelben und Milch bestreichen und mit Sesam bestreuen. Im vorgeheizten Backofen brauchen die Buns ca. 18 Minuten bei 200 °C Ober-/Unterhitze.

Focaccia

BUNS

8–12 Buns

50 ml Milch	1 Ei
200 ml warmes Wasser	**AUSSERDEM:**
35 g Zucker	2 Eigelbe
1 Würfel frische Hefe	2 EL Milch
8 g Salz	1 EL Olivenöl
60 g weiche Butter	2 EL getrockneter Oregano
40 g Olivenöl	120 g geriebener Parmesan
500 g Mehl Type 550	

Zubereitung

1 | Die Milch und das Wasser in eine Schüssel geben, mit dem Zucker vermischen und die Hefe hineinbröseln. 10 Minuten gehen lassen.

2 | Die restlichen Zutaten hinzugeben und alles in einer Küchenmaschine zu einem geschmeidigen Teig kneten. Abgedeckt für 1 Stunde gehen lassen.

3 | Den Teig portionieren und die Buns formen, je nach gewünschter Größe 8–12 Stück. Die geformten Buns nochmal für ca. 1 Stunde an einem warmen Ort gehen lassen.

4 | Die Buns anschließend mit einer Mischung aus den Eigelben, der Milch und dem Olivenöl bestreichen und mit Oregano und Parmesan bestreuen. Im vorgeheizten Backofen brauchen die Buns ca. 18 Minuten bei 200 °C Ober-/Unterhitze.

Kartoffel
BUNS

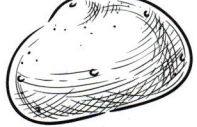

8–12 Buns

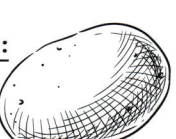

250 g lauwarme Milch	125 g Butter
50 g brauner Zucker	8 g Salz
25 g frische Hefe	1 Ei
200 g gekochte Kartoffeln (mehlig kochend, idealerweise vom Vortag)	**AUSSERDEM:**
	1 Eigelbe
300 g Mehl, Type 405	2 EL Milch
250 g Mehl, Type 550	Sesam

Zubereitung

1 | Die lauwarme Milch in eine Schüssel geben und den Zucker und die Hefe hinzufügen. Vorsichtig miteinander verrühren und für 5–10 Minuten ruhen lassen.

2 | Die vorgekochten Kartoffeln können in der Zwischenzeit durch eine Presse gedrückt und nach der Ruhephase mit in die Schüssel gegeben werden.

3 | Die übrigen Zutaten hinzufügen und alles mit einer Küchenmaschine ca. 10 Minuten lang zu einem geschmeidigen Teig verarbeiten. Abgedeckt sollte der Teig nun 2 Stunden an einem warmen Ort ruhen.

4 | Aus dem Teig anschließend 8–12 Buns formen, etwas zusätzliches Mehl tut hier gute Dienste. Die Buns abgedeckt nochmal für ca. 1 Stunde ruhen lassen. Anschließend mit der Mischung aus Eigelben und Milch bestreichen und etwas Sesam darüberstreuen. Im vorgeheizten Backofen brauchen die Buns ca. 18–20 Minuten bei 180 °C Ober-/Unterhitze.

Classic
HAMBURGER BUNS

8–12 Buns

50 ml Milch	500 g Mehl Typ 550
200 ml warmes Wasser	1 Ei
35 g Zucker	**AUSSERDEM:**
1 Würfel frische Hefe	2 Eigelbe
8 g Salz	2 EL Milch
100 g weiche Butter	Sesam

Zubereitung

1 | Die Milch und das Wasser in eine Schüssel geben, mit dem Zucker vermischen und die Hefe hineinbröseln. 10 Minuten gehen lassen.

2 | Anschließend die restlichen Zutaten hinzugeben und alles in einer Küchenmaschine zu einem geschmeidigen Teig kneten. Abgedeckt für 1 Stunde gehen lassen.

3 | Den Teig portionieren und die Buns formen, je nach gewünschter Größe ergeben sich 8–12 Stück. Die geformten Buns nochmal für ca. 1 Stunde an einem warmen Ort gehen lassen.

4 | Danach die Buns mit einer Mischung aus den Eigelben und der Milch bestreichen und mit Sesam bestreuen. Im vorgeheizten Backofen brauchen die Buns ca. 18 Minuten bei 200 °C Ober-/Unterhitze.

RUBS

Man kann hervorragende und bereits
fertiggemischte Rubs von den
verschiedensten Firmen im Handel
kaufen. Wenn man allerdings Lust
darauf hat sich selbst ein wenig
auszuprobieren, habe ich hier einige
erprobte Rezepte zusammengestellt.

Coffee-RUB

8 EL frisch gemahlene Kaffeebohnen

5 EL brauner Zucker

1 EL Salz

1 EL schwarzer Pfeffer, grob gestoßen

1 EL Cayennepfeffer

Asiatische Gewürz-mischung

1 TL Koriandersamen

1 TL Ingwerpulver

2 TL Fünf-Gewürze-Pulver

1 TL Zwiebelpulver

1 TL Knoblauchpulver

1 TL Chiliflocken

1 TL schwarzer Pfeffer, frisch gemahlen

1 TL Szechuanpfeffer

1 TL Zitronengraspulver

2 TL Salz

6 TL Zucker

BBQ-RUB für Chicken

5 EL Paprikapulver, edelsüß

3 EL Salz

2 EL schwarzer Pfeffer, frisch gemahlen

2 EL Zwiebelpulver

2 EL Knoblauchpulver

1 EL Oregano, getrocknet

1 EL Thymian, getrocknet

1 EL Cayennepfeffer

BBQ-RUB
für Schwein

6 EL brauner Zucker

2 EL Salz

4 EL Paprikapulver, edelsüß

1 EL schwarzer Pfeffer, geschrotet

1 EL Zwiebelpulver

1 EL Knoblauchpulver

1 TL Chilipulver

1 TL Oregano

1 TL Cumin

Fisch-GEWÜRZ-MISCHUNG

2 TL Meersalz

2 TL schwarzer Pfeffer, grob gestoßen

1 TL Fenchelsaat

1 TL Paprikapulver, scharf

1 TL Kreuzkümmelsamen

1 TL Chiliflocken

1 TL Koriandersamen, grob gemahlen

1 TL rote Pfefferkörner, grob gestoßen

BBQ-RUB
für Rind

6 EL Meersalz

5 EL schwarzer Pfeffer, grob gestoßen

2 EL Oregano, getrocknet

2 EL Knoblauchgranulat

1 EL Cumin

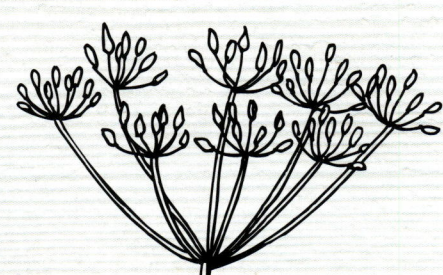

Wild-
GEWÜRZMISCHUNG

3 EL Paprikapulver, edelsüß

1 EL Piment

2 EL Pfeffer

2 EL Salz

1 EL Cayennepfeffer

1 EL Majoran

2 EL Thymian

1 EL Rosmarin

1 EL Zwiebelpulver

2 EL Wacholderbeeren, frisch gemahlen

1 TL Muskat, frisch gemahlen

1 EL brauner Zucker

2 TL Kümmel, gemahlen

Gyros-
RUB

3 EL Oregano, getrocknet

3 EL Thymian, getrocknet

1 EL Rosmarin, getrocknet

1 EL Majoran, getrocknet

2 EL Salz

2 EL schwarzer Pfeffer, frisch gemahlen

2 EL Paprika, rosenscharf

1 EL Zucker

2 EL Zwiebeln, granuliert

2 EL Knoblauch, granuliert

1 EL Korianderpulver

1 EL Kreuzkümmel, gemahlen

Magic Dust
MEINE VERSION

4 EL Paprika, edelsüß	1 EL Chilipulver
4 EL Salzflocken	1 EL Cumin
4 EL brauner Zucker	1 EL granulierter Knoblauch
2 TL schwarzer Pfeffer, grob gestoßen	1 TL Senfpulver

Kräuter-RUB

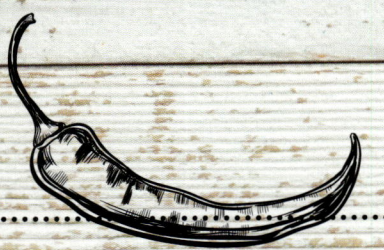

3 EL grobes Meersalz

2 EL schwarzer Pfeffer, geschrotet

2 EL Estragon, getrocknet

2 EL Oregano, getrocknet

2 EL Dill, getrocknet

2 EL Thymian, getrocknet

2 EL Rosmarin, getrocknet

1 EL Knoblauchflocken

Hot & Spicy

2 TL Chilipulver

2 TL grobes Meersalz

2 TL brauner Zucker

2 TL geräuchertes Paprikapulver

1 TL Thymian, getrocknet

2 TL Knoblauchpulver

1 TL Cumin

1 TL Pfeffer, geschrotet

Cajun-RUB

5 EL grobes Meersalz

3 EL schwarzer Pfeffer, geschrotet

2 EL Zwiebelgranulat

2 EL brauner Zucker

2 EL Thymian, getrocknet

1 EL Knoblauchgranulat

1 EL Cayennepfeffer

SAUCEN UND DIPS

1

CHIMICHURRI

1 kleine rote Zwiebel

1 Bund Petersilie

2 Knoblauchzehen

1 milde Chilischote

1 EL Oregano, getrocknet

1 EL Thymian, getrocknet

1 TL Chiliflocken

100 ml Olivenöl

20 ml Weißweinessig

1 Lorbeerblatt

Salz und Pfeffer

Saft einer Limette

Zubereitung

Die Zwiebel, die Petersilie, den Knoblauch und die Chilischote sehr fein hacken und mit den restlichen Zutaten vermengen. Mit Salz, Pfeffer und Limettensaft abschmecken.

Vor dem Verzehr mindestens 1 Stunde ziehen lassen.

Chimichurri hält sich im Kühlschrank mindestens 1 Woche.

2

CHILI-CHEESE-SAUCE

25 g Butter

1 TL Mehl

100 ml Milch

100 g frische, in kleine Stücke geschnittene Jalapeños

50 g Frischkäse

100 g geriebenen Cheddar

1 TL Chilipulver

1 TL geräuchertes Paprikapulver

Salz und Pfeffer

Zubereitung

Die Butter und das Mehl in einen Topf geben und eine Mehlschwitze ansetzen.

Nach dem Anrösten das Mehl mit der Milch ablöschen, die übrigen Zutaten hinzufügen und alles ein paar Minuten lang zu einer cremigen Sauce köcheln.

3

BBQ-AIOLI

200 ml Mayonnaise

4 Knoblauchzehen, gerieben

1 EL geräuchertes Paprikapulver

Salz und Pfeffer

Saft einer Limette

Zubereitung

Die Mayonnaise mit dem Knoblauch
und dem Paprikapulver vermengen.

Mit Salz, Pfeffer und Limettensaft
abschmecken.

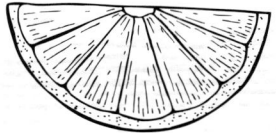

4

GRÜNES PESTO

3 Knoblauchzehen

60 g Pinienkerne, in einer Pfanne
leicht angeröstet

50 g Parmesan, frisch gerieben

2 Bund frisches Basilikum

Salz und Pfeffer

50 ml gutes Olivenöl

1 rote Chilischote (optional)

Zubereitung

Den Knoblauch, die Pinienkerne,
den Parmesan und das Basilikum mit
etwas Salz in einen Mörser geben und
alles zu einer Paste verarbeiten.

Olivenöl dazugeben und
mit Pfeffer abschmecken.

Ich gebe noch gerne eine in feine Ringe
geschnittene rote Chilischote dazu,
das peppt die ganze Sache
ordentlich auf.

5

CAROLINA-MUSTARD-SAUCE

200 g mittelscharfer Senf

60 g Honig

50 ml Apfelessig

3 EL Ketchup

20 g brauner Zucker

10 ml Chilisauce (z. B. Tabasco)

20 ml Worcester-Sauce

Salz und Pfeffer

Zubereitung

Alle Zutaten in eine Schüssel geben und mit einem Mixer oder Schneebesen gut miteinander vermengen.

Mit Salz und Pfeffer abschmecken. Am besten schon am Vortag zubereiten, dann schmeckt die Sauce deutlich gehaltvoller und besser.

Im Kühlschrank hält sie sich mehrere Wochen.

6

PORTWEIN-ZWIEBELN

400 g rote Zwiebeln, in feine Ringe geschnitten

50 g Butter

100 ml Portwein

Salz und Pfeffer

2–3 EL Rotweinessig

Waldhonig

30 g brauner Zucker

Zubereitung

Die Zwiebeln in einem Topf mit etwas Butter anschwitzen und mit dem Portwein ablöschen.

Sanft für 10–15 Minuten weiterschmoren und mit Salz, Pfeffer, Essig, Honig und etwas braunem Zucker abschmecken.

7

WHISKEY-BUTTER

1 Knoblauchzehe

200 g Butter, zimmerwarm

3 EL Whiskey nach eigenem Geschmack

2 EL Honig

Salz und Pfeffer

Zubereitung

Den Knoblauch fein hacken.

Die Butter mit dem Whiskey, dem Knoblauch und dem Honig vermengen und mit Salz und Pfeffer abschmecken.

8

PICO DE GALLO

200 g Tomaten

2 grüne Paprikaschoten

1 rote Zwiebel

½ Bund frischer Koriander

½ Bund frische Petersilie

3 Knoblauchzehen

2 Chilischoten

50 ml Olivenöl

Salz und Pfeffer

Saft von 2 Limetten

Zubereitung

Die Tomaten, die Paprika und die Zwiebel in kleine Würfel schneiden.

Die Kräuter, den Knoblauch und die Chilischoten fein hacken und zu dem Gemüse geben.

Mit Olivenöl vermischen und mit Salz, Pfeffer und dem Limettensaft kräftig abschmecken.

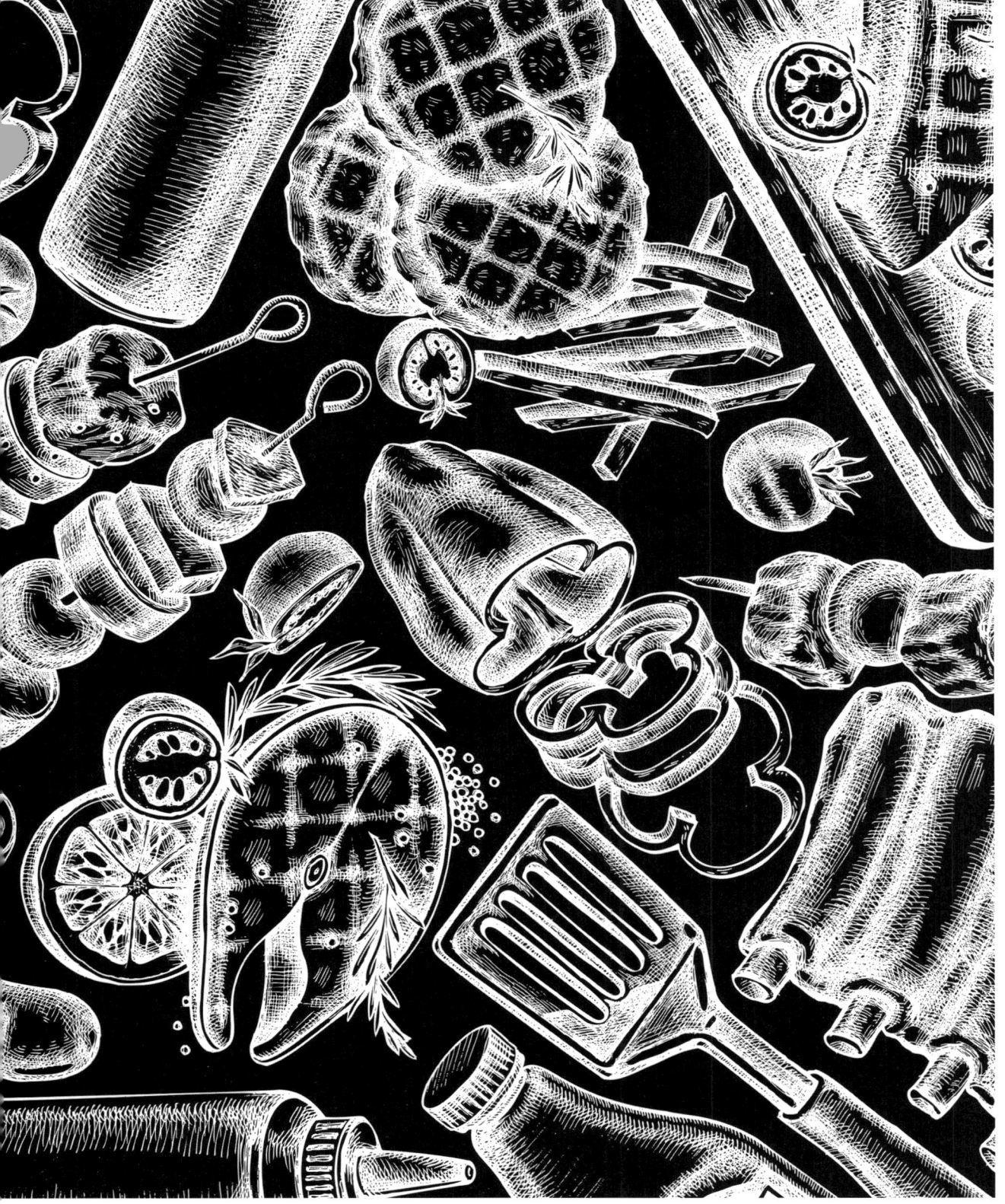

Vielen Dank!

Ich möchte mich von ganzem Herzen bedanken ...

... beim Heel Verlag, der sich als toller und verlässlicher Partner an meine Seite gestellt hat, um dieses Buch Wirklichkeit werden zu lassen.

... bei meiner Familie und meinen Freunden, die es mir nicht übelnehmen, wenn ich mich wieder mal nicht gemeldet habe, weil ich nur noch an Burger und Steaks gedacht habe.

... bei meinen langjährigen Partnern Ankerkraut, Cococabana-Grillbriketts und Moesta BBQ, die an mich glauben und meine Arbeit unterstützen.

Vielen Dank auch an Monic und Philipp für ihre Unterstützung bei der praktischen Umsetzung der Gerichte.

Der größte Dank geht allerdings an meine langjährige Freundin Angela, die meinen Stress und meine Launen während der Vorbereitung und der Umsetzung aushält, die immer an meiner Seite steht und mich unterstützt wo es nur geht. Ohne sie wäre es für mich nicht möglich meinen Weg so zu gehen, wie es tue.

#loveyourlife

Euer Olli

Beste Steaks
Nachhaltig und gekühlt
direkt vom Landwirt & Metzger

Das Fleisch, das in diesem Buch verwendet wurde, kommt von
Der-Schwarzwaelder.com. Natürlich können auch Sie in unserem
Online-Shop oder direkt vor Ort einkaufen.

Seit über 60 Jahren betreiben wir unsere eigene
Landwirtschaft und Viehzucht. Nur so haben wir vollen Einfluss
auf die Haltung, Fütterung und Aufzucht der Tiere.
Alle Tiere werden bei uns im Schwarzwald
im Umkreis von 50 km um unseren Stammsitz gehalten.

Aus Respekt vor dem Tier schlachten wir in unserer Traditionsmetzgerei
selbst. Wir verwenden ausschließlich Tiere aus eigener Aufzucht
und der Aufzucht unserer Partnerbetriebe.
Alle Produkte werden mit großer Sorgfalt und nach
jahrzehntealten Rezepten zubereitet.

Überzeugen Sie sich selbst!

DER-SCHWARZWAELDER.COM

Metzgerei Reichenbach
In den Engematten 9, 79286 Glottertal